COMPRENDRE VOTRE esprit et votre corps

L'anxiété

Melody Sun & J Smith

e Explorez d'autres livres sur:
WWW.ENGAGEBOOKS.COM

VANCOUVER, B.C.

ℯ ⟶ WWW.ENGAGEBOOKS.COM

L'anxiété: Comprendre votre esprit et votre corps
Sun, Melody 1994 -
Smith, J 1994 -
Texte © 2024 Engage Books
Conception © 2024 Engage Books

Édité par: A.R. Roumanis Ashley Lee,
Melody Sun, et Sarah Harvey
Conception par: Mandy Christiansen
Traduire: Amanda Yasvinski
Relectrice: Vicky Frost

Texte en Montserrat Regular.
Titres de chapitre définis dans Hobgoblin.

Ce livre ne remplace pas l'avis d'un professionnel de la santé ni ne constitue un outil de diagnostic. C'est un outil pédagogique destiné à aider les enfants à comprendre ce qu'eux-mêmes ou d'autres personnes vivent.

PREMIÈRE ÉDITION / PREMIER TIRAGE

Photo of Selena Gomez by Mikey Hennessy. Photo of Elliot Page by Elliot Page. Photo of Chris Evans by Gage Skidmore. Tous les efforts raisonnables ont été faits pour contacter les détenteurs des droits d'auteur de tout le matériel reproduit dans ce livre.

CATALOGAGE AVANT PUBLICATION DE BIBLIOTHÈQUE ET ARCHIVES CANADA

Titre: L'anxiété / Melody Sun & J Smith.
Autres titres: Anxiety. Français
Noms: Sun, Melody, auteur. | Smith, J, auteur.
Description: Mention de collection: Comprendre votre esprit et votre corps | Traduction de : Anxiety.

Identifiants: Canadiana (livre imprimé) 20240378679 | Canadiana (livre numérique) 20240378687 |
ISBN 978-1-77878-369-2 (couverture rigide)
ISBN 978-1-77878-370-8 (couverture souple)
ISBN 978-1-77878-372-2 (pdf)
ISBN 978-1-77878-371-5 (epub)

Vedettes-matière:
RVM: Anxiété chez l'enfant—Ouvrages pour la jeunesse.
RVM: Anxiété—Traitement—Ouvrages pour la jeunesse.
RVM: Anxiété—Ouvrages pour la jeunesse.
RVMGF: Livres documentaires pour la jeunesse.

Classification: LCC BF723.A5 S8614 2024 | CDD J155.4/1246—DC23

Ce projet a été rendu possible en partie grâce au gouvernement du Canada.

Canada

Contenu

Qu'est-ce que l'anxiété ?

L'anxiété est un sentiment intense d'inquiétude, de peur ou de panique difficile à contrôler. **Le stress** peut provoquer de l'anxiété chez les gens. Tout le monde ressent parfois une petite quantité d'anxiété.

MOT-CLÉ

Le stress : lorsque les gens se sentent mal à l'aise face à quelque chose qui se produit.

Certaines personnes souffrent constamment d'anxiété. Lorsque cela se produit, cela peut devenir un trouble anxieux. Un trouble anxieux est une **maladie mentale** dans laquelle vous ressentez une inquiétude extrême ou constante.

MOT-CLÉ

Maladie mentale : une maladie qui affecte la façon dont vous pensez, ressentez et comportez.

Quelles sont les causes de l'anxiété ?

La génétique est un trait transmis d'un membre de la famille à un autre. C'est l'une des raisons pour lesquelles certaines personnes souffrent d'anxiété. Si la famille de quelqu'un souffre d'anxiété, elle est plus susceptible d'en souffrir aussi.

De nombreux événements ou expériences peuvent également provoquer de l'anxiété.

- Le stress lié au travail ou à l'école
- Les disputes entre amis ou en famille
- Les soucis d'argent
- Les problèmes de santé mentale ou physique
- **Le traumatisme**
- Les effets secondaires des médicaments
- La maladie

MOT-CLÉ

Le traumatisme : une réaction physique ou émotionnelle à de mauvaises expériences. Les effets du traumatisme peuvent persister longtemps chez les personnes.

Comment l'anxiété affecte-t-elle votre cerveau ?

L'anxiété affecte trois parties du cerveau : le tronc cérébral, le système limbique, et le lobe frontal. Le tronc cérébral maintient le corps d'une personne en vie. Le système limbique gère ce que l'on ressent. Le lobe frontal facilite le processus de penser.

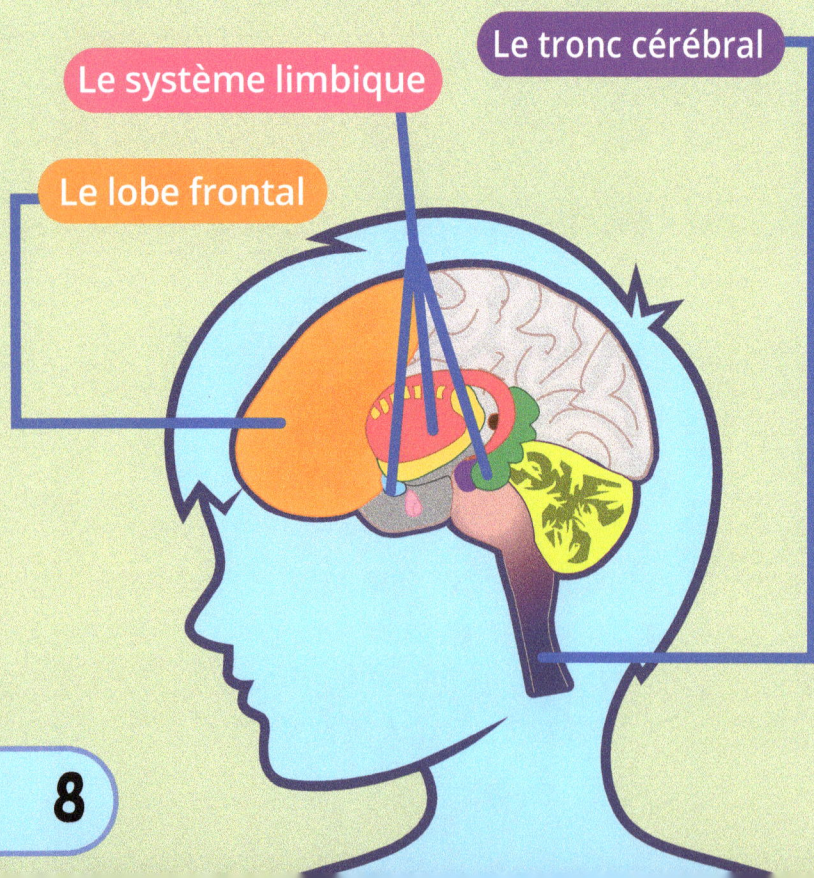

Le tronc cérébral

Le système limbique

Le lobe frontal

Lorsqu'une personne est anxieuse, elle peut se sentir tout le temps confuse, en colère ou fatiguée. Elles pourraient être remplies de peur ou d'inquiétude. Cela rend difficile de penser clairement. Apprendre de nouvelles choses peut prendre plus de temps.

Comment l'anxiété affecte-t-elle votre corps ?

Lorsqu'une personne se sent anxieuse, son cerveau ordonne à son corps de réagir. Elles peuvent sentir leurs mains devenir moites, leur cœur s'emballer ou des papillons dans leur estomac. C'est ce qu'on appelle une réponse au stress. Les réponses au stress assurent la sécurité des personnes dans des situations dangereuses.

La réponse au stress est parfois appelée réponse de combattre, fuir ou figer.

Les gens peuvent avoir des étourdissements ou des nausées au ventre lorsqu'ils se sentent très anxieux. Leur fréquence cardiaque pourrait augmenter. Ils pourraient se sentir plus alertes. Certaines personnes pourraient même avoir une **crise de panique**.

MOT-CLÉ

Crise de panique : un moment soudain d'anxiété intense. Cela se produit lorsque le corps pense qu'il est en danger même s'il ne l'est pas.

Types de troubles anxieux

Les troubles anxieux se manifestent de différentes manières. Certaines personnes ressentent une peur extrême lorsqu'elles voient un certain objet ou lorsqu'elles font l'expérience de certaines choses. C'est ce qu'on appelle une phobie.

Légende : Le trouble d'anxiété sociale est une sorte de phobie. Cela vous rend anxieux d'être avec d'autres personnes.

Certaines personnes se sentent très anxieuses face aux événements et activités quotidiens. C'est ce qu'on appelle le trouble d'anxiété généralisée. Cela peut arriver aux personnes souffrant de **dépression**.

MOT-CLÉ

La dépression : une maladie mentale qui provoque de forts sentiments de tristesse et de manque d'espoir.

Environ 10 pour cent des enfants souffrent d'un trouble anxieux.

L'anxiété disparaît-elle ?

Une petite quantité d'anxiété va et vient au cours de la vie de chacun. Les troubles anxieux sont plus difficiles à gérer. Si les troubles anxieux ne sont pas traités, ils peuvent s'aggraver avec le temps.

Les troubles anxieux sont généralement traités par **thérapie** et médicaments. Certaines personnes récupèrent complètement avec le temps. D'autres peuvent avoir besoin d'une aide continue.

La thérapie : travailler avec une personne formée pour aider avec les problèmes de santé mentale.

Demander de l'aide

Il n'y a rien de mal à demander de l'aide en cas d'anxiété. D'autres personnes peuvent vous aider à voir les choses stressantes d'une nouvelle manière. Essayez de parler avec un adulte en qui vous avez confiance. Voici quelques façons de démarrer la conversation.

« Je panique et je ne sais pas pourquoi. Pouvez-vous m'aider en me parlant ? »

« Je suis vraiment stressé par la vie. Cela me fait me sentir épuisé. J'aimerais en parler à quelqu'un. Pouvez-vous m'aider ? »

« Je m'inquiète toujours pour l'école. J'ai peur d'aller en cours. Pouvez-vous m'aider à gérer cela ? »

Comment aider les autres souffrant d'anxiété

Si vous avez un ami ou un membre de votre famille souffrant d'anxiété, vous pouvez l'aider de plusieurs manières.

Parler avec eux

Demandez-leur ce qui les rend anxieux. Rappelez à vos amis qu'il est parfois normal de se sentir anxieux. Si nécessaire, encouragez-les à parler avec un parent, un enseignant, un médecin ou **un conseiller** scolaire.

MOT-CLÉ

Un conseiller :
une personne qui donne des conseils aux autres.

Utilisez des distractions

Distrayez-les en leur montrant des personnes ou des objets à proximité. Les aider à se concentrer sur le présent peut réduire leur anxiété.

Étudier les troubles anxieux

Lire plus sur les troubles anxieux. Partagez ce que vous savez sur cette maladie mentale avec ceux qui la vivent.

L'histoire de l'anxiété

L'anxiété a eu de nombreux noms à travers l'histoire. En 1771, un médecin français nommé Boissier de Sauvages utilisait le mot « panophobies » pour décrire certains troubles anxieux. Le mot « panophobie » signifie la peur de tout.

La panophobie est où vient le mot « panique ».

À la fin de la guerre civile américaine en 1865, de nombreux soldats souffraient de crises de panique et d'essoufflement. À l'époque, certains appelaient cela un choc d'obus. Maintenant on l'appelle **SSPT** ou syndrome de stress post-traumatique.

MOT-CLÉ

SSPT : trouble anxieux qui peut survenir après un événement choquant, effrayant ou dangereux.

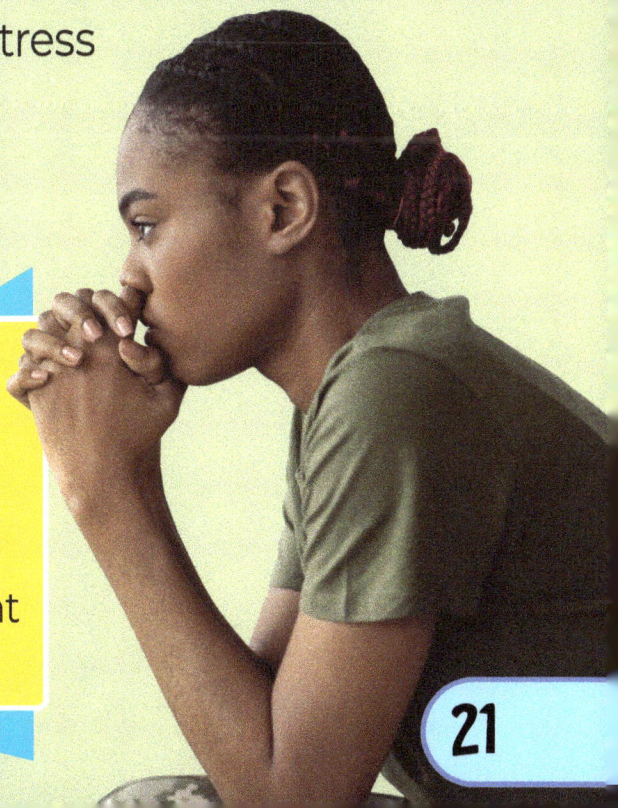

Les super-héros de l'anxiété

Autrefois, l'anxiété était très stigmatisée. Aujourd'hui, de nombreuses personnes parlent ouvertement de leur anxiété. Parler de l'anxiété permet de la gérer plus facilement.

Selena Gomez est une actrice et chanteuse populaire. Elle a souffert d'anxiété, de dépression et de crises de panique. Elle a aidé à démarrer WonderMind. Ce groupe aide à éliminer la stigmatisation liée aux problèmes de santé mentale.

Elliot Page est un acteur primé. Page a lutté contre une anxiété extrême concernant son **identité de genre**. Il parle ouvertement de ses problèmes de santé mentale.

MOT-CLÉ

Identité de genre : le sentiment intérieur d'une personne de savoir si elle est un homme, une femme ou autre chose.

Chris Evans est l'acteur qui a joué Captain America. Il a fait face à beaucoup d'anxiété dans sa vie. En s'exprimant, Evans permet aux hommes de parler de problèmes de santé mentale.

Astuce 1 pour l'anxiété : Pleine conscience

La pleine conscience, c'est lorsque vous êtes conscient du moment présent et que vous l'acceptez tel qu'il est. Cela vous aide à concentrer votre esprit et à réduire votre anxiété. **La méditation** est une pratique courante pour vous aider à améliorer votre pleine conscience.

MOT-CLÉ

La méditation : un exercice de l'esprit pour entraîner l'attention et la conscience.

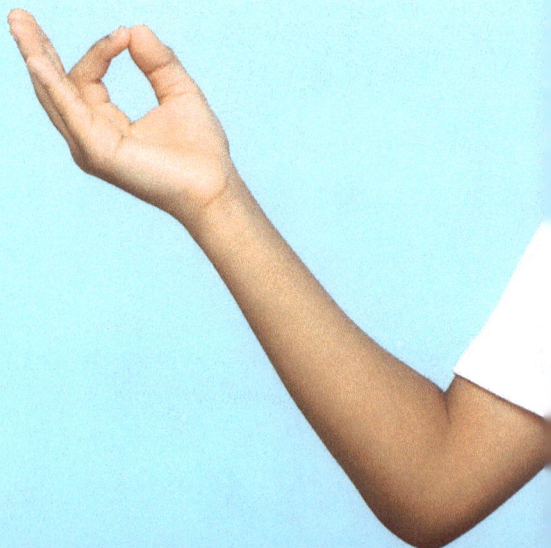

La respiration profonde est une autre excellente façon de pratiquer la pleine conscience. Pour l'essayer, inspirez profondément pendant quatre secondes. Tenez pendant quatre secondes. Puis expirez.

Astuce 2 pour l'anxiété : Remarquer les déclencheurs

Lorsque vous remarquez votre anxiété, écrivez ce que vous pensez à ce moment-là. Cela peut vous aider à trouver votre **déclencheur**. De cette façon, vous pourrez trouver des moyens de les empêcher de se produire.

MOT-CLÉ

Déclencheur : une chose qui vous rend anxieux.

Voici quelques déclencheurs courants :

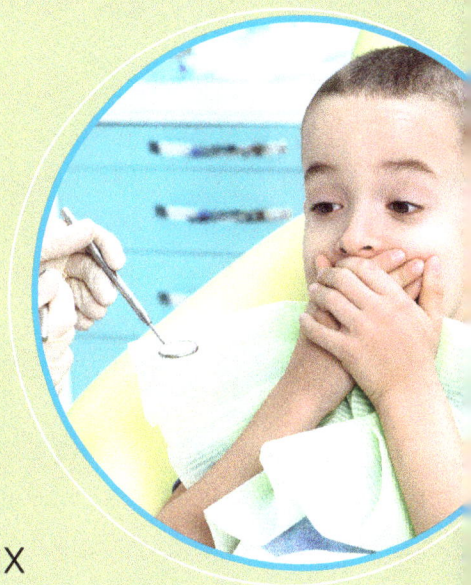

1 Parler devant la classe

2 Les tests et examens

3 Les foules à l'école

4 Les bruits et les odeurs

5 Les événements sociaux

6 Les rendez-vous dentaires

Astuce 3 pour l'anxiété : Voir des pensées erronées

Les personnes anxieuses ont souvent des difficultés avec les pensées erronées. Cela signifie qu'elles pensent et croient de mauvaises choses sur eux-mêmes et sur les autres. Les pensées erronées vous empêchent de savoir ce qui est réel.

Quand vous êtes anxieux, demandez-vous si ce que vous pensez est vrai. Remplacez les mauvaises pensées par de bonnes pensées. Vous pouvez également utiliser un journal pour suivre vos pensées.

Quiz

Testez vos connaissances sur l'anxiété en répondant aux questions suivantes. Les questions sont basées sur ce que vous avez lu dans ce livre. Les réponses se trouvent au bas de la page suivante.

1 Qu'est-ce qu'un trouble anxieux ?

2 Quelles sont les trois parties de votre cerveau qui sont affectées par l'anxiété ?

3 À quoi servent les réponses au stress ?

4 Qu'est-ce que la dépression ?

5 Qu'est-ce que la thérapie ?

6 Quelle est une pratique courante pour vous aider à améliorer votre pleine conscience ?

Découvrez d'autres lecteurs de niveau 3.

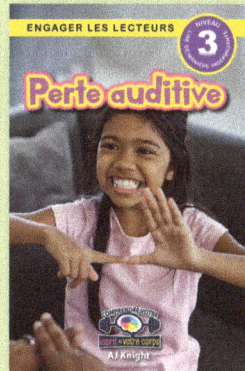

ENGAGER LES LECTEURS 3 — **L'anxiété**

ENGAGER LES LECTEURS 3 — **L'asthme**

ENGAGER LES LECTEURS 3 — **L'autisme**

ENGAGER LES LECTEURS 3 — **L'image corporelle**

ENGAGER LES LECTEURS 3 — **L'obésité**

ENGAGER LES LECTEURS 3 — **La dyslexie**

ENGAGER LES LECTEURS 3 — **La perte de vision**

ENGAGER LES LECTEURS 3 — **Le diabete**

ENGAGER LES LECTEURS 3 — **Perte auditive**

Visite www.engagebooks.com/readers